達賴喇嘛
蘇菲亞・史崔——芮薇——合著
黃凱莉——譯

呼喚慈悲的革命

給第三個千禧世代年輕人的普世責任宣言

Faites La Révolution

L'appel du Dalaï-Lama à la jeunesse

Le Dalaï-Lama & Sofia Stril-Rever

目錄

CONTENTS

3 帶來慈悲的革命

CONTENTS

1

我相信你們

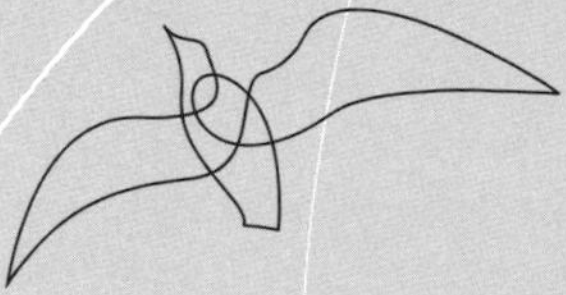

親愛的兄弟姐妹，親愛的年輕朋友。

你們，今天的年輕人，是第三個千禧年出生的一代。我們當前的這個世紀尚未屆滿二十歲，所以還很年輕，就像你們一樣。世界衰老的速度，也會和你們一樣，所以這個世界將端賴你們如何去形塑它。

我非常希望你們能夠敏銳地觀察自己一段時間。我對你們這一代懷抱著極大的信心。幾年來，我和你們在印度，以及在我前往歐洲、美國、加拿大、澳洲和日本訪問期間會面。在與世界各地的年輕人進行多次交流的過程之中，我越來越相信你們這一代人，有能力將這個剛剛出現的世紀轉變為和平與對話的時代。你們有辦法調和我們破碎的人性，以及修復我們與自然世界的連結。

無論如何，你們這一代所展示的革新潛力被舊世界的陰影所包圍：一種痛苦和淚水的黑暗混亂。你們必須站起來，堅決反對今天充滿危險、仇恨、自私、暴力、貪婪和狂熱的知識，因為它正威脅著地球上每個生命的未來。我知道你們有毅力和力量去承擔未來，你們將成功地在所承繼的無知中畫出一條清楚的界線。

我的年輕朋友們，你們是我對人類的希望。在這裡，我想要大聲且清楚地說出來，讓你們可以聽見與回應我的信息。我對未來充滿信心，因為你們有能力帶領人類走向更新的友愛、正義，和團結的模式。

我告訴你們自己透過經驗所獲得的知識。現在，我八十二歲。十六歲[1]時的一九五〇年十一月十七日，當我在拉薩的金黃色法座上安座時，便失去自由，同時成為西藏最高權威的政教領袖。二十五歲那年，一九五九年三月，西藏在中華人民共和國強行吞併之下，我失去國家。我出生於一九三五年，經歷二十世紀許多恐怖事件，這個世紀是人類歷史上最嚴重的血腥世紀。然而，非凡的人類智慧不是為了服務、珍惜和保護生命，而是往往將自己的聰明才智轉化為毀滅的力量，甚至利用來自太陽的力量。你們出生在一個有能力摧毀這個星球數十次的核子武器庫世界。

你們的祖父母和父母經歷過兩次世界大戰，與多次的衝突事件；這些衝突為我們的世界帶來血腥的浩劫，因此造成上個世紀兩億三千一百萬人死亡。受到狂熱的民族主義、種族主義、反猶太主義，和意識形態灌輸的驅使，

1 根據西藏的算法，剛出生的嬰兒，一歲。

人類在前所未有的暴力海嘯席捲下求生。當歐洲納粹大屠殺，日本原子彈襲擊，冷戰，在韓國、越南和柬埔寨肆意屠殺平民，中國和西藏文化大革命，與飢荒造成七千萬人死亡的時候，我活著。

你們和我曾共同目睹阿富汗和中東地區的衝突爆發，曾經是人類歷史搖籃的地區慘遭毀滅性的破壞。我們看到來自地中海的影像；波浪打上岸，也帶來兒童、青少年、男人和女人的屍體，就在他們試圖前往歐洲途中；希望能夠過更好的生活，當然也希望能夠幫助他們的家人擁有一線生機。

你們和我也共同見證地球生態系統瀕臨破裂，生物多樣性以驚人的速度減少，甚至每二十分鐘就有一個物種滅絕。我們在亞馬遜河流域大規模毀林——我們星球上最後一片大肺的破壞——連帶的海洋酸化、大堡礁白化，以及南北極的冰川融化。而處於地球第三極的西藏，四萬六千條喜馬拉雅山脈冰川的退縮，正威脅著為十五億居民提供生活資源的亞洲大河。這一切的一切，你們非常了解。你們出生在這個世界，並且正逐漸認識到全球範圍內的這場毀滅，戰爭、恐怖主義，和對我們自然資源破壞的急劇惡化。

歐盟，世界和平的榜樣

不要讓自己被「冷酷世界症候群」[2]所籠罩。如果這樣做的話，就會冒著屈服於絕望的危險，由於人們越來越重視民主和人權教育，所以並未關注全球和平越來越有進展的勢頭。永遠不要忘記真正的和解是可能的！看看德國和法國。自從十六世紀以來，這兩個國家打了約二十場戰爭，而上個世紀的二次世界大戰，是人類野蠻行徑的最高潮。

2 喬治．葛柏納（George Gerbner, 1919–2005）教授的涵化理論，顯示了螢幕上的暴力，如何導致現實世界中的暴力，以及焦慮和不安全感。

一九一四年和一九三九年，在巴黎和柏林，軍用車隊把年輕士兵們載往前線。他們正是相當於你們這個年齡的孩子，不知道在戰場上，在戰壕的泥濘，或死亡集中營的恐怖暴行正等待著他們。斷層了一個世代的年輕人，製造了無限悲痛的家庭，以及千百萬無家可歸的孤兒；國家成為廢墟，文明覆滅。

然而，正是這些以前的交戰國企盼和平的願望，打敗鷹派的愛國主義。具有遠見的領導人康拉德·艾德諾

（Konrad Adenauer）和羅伯特・舒曼（Robert Schuman）奠定了歐盟的基礎。

由於他們對博愛和團結的完美信念而受到鼓舞。其他政治領導人以對話原則作為基礎繼續展開工作，藉以療癒全球各地陷入衝突戰火的許許多多傷痕。

歐洲模式給了我對你們這一代人的真正希望。其和平的動力體現本世紀正在走向新的現實，由於這樣的勢態發展，即使某些成員國的民族主義抬頭也無法阻擋。如你們所知，世界各地已有許多以歐盟模式為基礎的組織[3]。你們可以參與幫助這些國家加強一體化，盡量減少衝突的風險。你們也可以在全世界促進民主價值和基本自由方面發揮作用，幫助不同國家進入每塊大陸無法治理的地區。在此敦促大家思考，如何參與提高全球的「聯盟精神」。

年輕的非洲人，你們可以幫助強化非洲聯盟，這是所有國家在你們大陸上的聚集地。年輕的美國人和加拿大人，可以建立一個北美聯盟。拉丁美洲的年輕人，可以有個拉美聯盟；亞洲的年輕人，可以有個亞洲聯盟。在國際上，這將有更大的機會促成聯合國在其創始憲章的序言中所提出的美麗口號：「我們，聯合國人民」。

3 例如，非洲聯盟、東盟（亞洲）、北美自由貿易協議、南方共同市場、阿拉伯聯合共和國、加勒比共同體。完整列表請見網址：https://en.wikipedia.org/wiki/Liste_d'organisations_internationales

一九八九年十一月柏林：青年、和平與民主

請允許我分享一九八九年十一月，幾乎是三十年前一個永難忘懷的記憶。你們可能不知道當時的德國被劃分成二個敵對的國家；這兩個國家由一百公里長，三公尺寬的混凝土高牆分隔二邊。這面被稱為恥辱之牆的高牆，密布著一個接著一個、許許多多的瞭望塔，把個人、家庭和整個國家都分開了。

當時我碰巧正在柏林，當時成千上萬的年輕人和熱情的示威者赤手空拳地衝破這堵高牆，把邊防哨所一個一個地推倒，完全是和平、非暴力的方式。整個世界屏息呼吸，目睹年輕人正在改變歷史。東德和西德，這一代人都拒絕意識形態的對抗，肯定德國統一的願望，這是一九八六年，我的朋友蘇聯領導人米哈伊爾・戈巴契夫（Mikhail Gorbachev）在議案中提出的一種透過透明政治實現的和解。戈巴契夫拒絕下令向示威者開火，後來宣佈柏林圍牆的倒塌，避免了發生第三次世界大戰。

回想當時我來到柏林圍牆，手持燭光站在圍牆被推倒之處，仍然非常感動。歡欣鼓舞的人們把我抬上瓦礫堆。在那個非同凡響的時刻，我感覺可以在這個世界呼吸和平與自由的氣息。有人問我是否願意發表聲明；我只是說，正如柏林圍牆的倒塌，在昨天似乎認為是不可能的，但今天已經成為一個現實，所以有朝一日，自由終將重返西藏。

這一重大事件的象徵性影響更加顯著，因為在同年三月，我看到拉薩血腥鎮壓和平示威的可怕景象。而三個月之後，在那年的六月，坦克摧毀北京天安門廣場的學生示威。但在十一月，柏林圍牆的倒塌，證明年輕人有可能向一個壓迫性專政統治者宣佈非暴力的勝利。今天，當我回顧它時，柏林圍牆倒塌就像是二十世紀悲劇的結束；藉此確認東歐的共產主義即將消亡，終結二次世界大戰的遺產。極權主義政權的垮臺，加強了我的信念，即今天的年輕人致力於民主和團結的普世價值觀。一九一七年，俄國革命的血腥後果，影響了蘇聯在未來長達七十年的發展。由於這種年輕和平主義者的抗議而被有效地消除，在此期間並沒有淌下一滴血。

推倒恥辱的高牆

今天，尚在二十一世紀的初期階段，我呼籲全世界的年輕人打破剩下的恥辱之牆，尤其是那些在你們心中豎立起來的牆：自私之牆，民族主義驕傲之牆，個人主義崇拜之牆，自負與貪婪之牆。分裂的一切都屬於過去。所有這些分裂和排斥的力量，將無力抵抗你們這一代人所體現的和平願望的力量。

從實際的層面來看，侵略似乎是必要的：透過使用武力，衝突可以得到更迅速的解決。但是，使用暴力所達成的決議是以犧牲人權、安全和保障作為代價。這個問題不會真正解決，而只是壓抑，最終不可避免地反覆重演。

歷史告訴我們，軍事的勝利和失敗並不會持久。不但在我們自己的生活中，即使與家人和朋友的關係也是如此。沒有具備理性的論證，人們便會被憤怒和暴力所淹沒，儘管這些實際上都是軟弱無力的跡象。運用你們的智慧，並記錄你們的心理反應。當生氣的時候，就會激發一種盲目的能量，這種能量超越人類驚人的辨別真假的能力。我的朋友，美國精神病學家亞倫・貝克（Aaron Beck）曾經向我解釋，百分之九十的負面情緒，是由我們自己消極心理的預測所投射。請密切觀察自己的反應，確保自己永遠不會再被負面情緒擊潰。

理解是讓自己自由，與他人和平。尋找理性求援可以消除憤怒，及其帶來侵略和暴力的後果。

重要的是，必須檢視自己內在最深層的動機，以及對象為何。有時，你們會發現在暴力和非暴力之間很難做出選擇。但不要忘記，消極的動機總是會導致傷害或破壞性的行為，即使在形式和外觀上看起來是良性無害。反之，如果你們的動機是真誠、無私，那麼總是會帶來非暴力和積極的行為。唯有證悟菩提心，才能如理地辨識使用武力是最後的手段。

西方人傾向於採取不同的方法。據他們說，非暴力與和平抵抗更適合東方文化。所以，西方人更傾向於採取行動。在所有情況下，傾向於尋求立即和切實的結果。這種在短期內有效的態度往往適得其反，但長期需要耐心和決心的非暴力往往具有建設性。柏林圍牆倒塌和前蘇聯國家出現的解放運動，在這方面具有高度的啟發性。

值得注意的是，一九八九年春天，在共產主義政權下出生和接受教育的中國學生，自發地行使一種和平抵抗戰略，這是聖雄甘地的非暴力運動。面對專制政權鎮壓的暴行，他們仍然保持平和。儘管他們在共產黨洗腦式的教育下成長，但仍選擇非暴力的道路。

戰爭，完全不合時宜

非暴力是解決當代衝突的務實辦法。儘管我的國家經歷了戰爭與鎮壓，但在過去六十多年，武警也是聽從北京的命令執行恐怖統治，扼殺西藏人民的自由和尊嚴；但我仍然熱誠地為世界和平發聲。我撰寫的每件事，都是為了解釋如何為我們每一個人和周遭的人們，創造和平所必需的條件。如果我不相信和平的可能性，我將無法繼續這種對話。

今天，戰爭是完全不合時宜的。在法律上，我們甚至不再宣戰，一些國家所有需要授權軍事行動的大事，都是由議會投票決定。舊的好戰意識形態已經過時，每一次武裝衝突都在世界各大城市激起群眾的示威。當我看到你們成千上萬人團結一致地尋求和解與人權時，我感到非常高興。目睹大量展現支持人道主義問題的年輕人，我的內心充滿喜悅。由於資訊技術的快速發展，你們才是真正的第一代全球公民。以洞察力學會使用社交網絡來加速傳播意識，而不是讓網路和線上遊戲成為不能或缺的藥物！務必傳遞獨立驗證的信息，為真理和道德奉獻服務。小心，不要散播假消息。

作為數據時代的你們，是天生的世界公民，因為數據文化沒有國界。難道在大家的心目中，不是認為來自世界各地的年輕人，寧可都是你們的朋友、同伴和夥伴，而非競爭者、對手和敵人嗎？毫無疑問，戰爭是人性的一部分。但是，過去一個世紀的種族滅絕暴行，使得你們的父母和祖父母痛徹心腑、永難忘懷，並讓他們哭喊「永遠不要發生了！」他們表明了，透過對話和非暴力來解決人類衝突是可能的。

你們可能會指出，即使在二十一世紀的今天，我們仍然目睹世界強國試圖利用武力解決衝突，以此狀況來反駁我所說的話。國家軍事力量仍然是國家合法機構，甚至有些人認為戰爭是可以接受的，並不是犯罪組織。洗腦的方式一再讓人們無法理解，現行戰爭定義的迥異。這是我們這個時代的巨大悖論：在法律意義上，沒有更多的戰爭，但暴力危機和屠殺正在增加。

年輕人一直是暴力恐怖攻擊的目標。如二〇一五年十一月巴黎恐攻事件，二〇一七年五月英國曼徹斯特恐攻事件……我對這些事件深感不安。這些恐攻事件狠狠地刺痛我的心。年輕人屠殺年輕人！著實令人難以置信，也難以忍受。這些恐怖份子並非生來就是恐怖份子。他們成為恐怖份子，是受到幻想、古老而野蠻的狂熱主義之名操控，迫使他們認為摧毀、懲罰和恐嚇是種光榮。

請不要氣餒！你們的使命，便是從過去的錯誤汲取教訓；同時，與周遭的人們發展以包容和非暴力對話進行溝通。面對暴力的當下，絕不能屈服於那種讓人產生怨恨、憤怒和渴望復仇的恐懼。二〇一一年七月在奧斯陸（Oslo）和烏托瓦島（the island of Utøya）發生恐怖襲擊之後，從挪威首相得到了啟發；他宣佈他的政府透過加強民主、開放，與寬容來應對恐怖主義。正視透過防範自相殘殺的仇恨，你們將會成為和平的建築師。當你們這一代把戰爭推進歷史灰燼時，那麼世界和平的這一天也就不遠了。也許這天來臨的時候，你們還記得我說過的這些話。

2

爭取和平

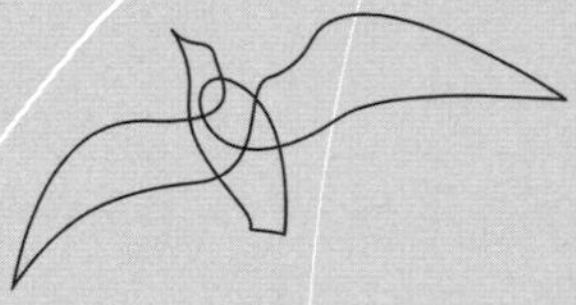

八十二歲的我，已準備向世間告別。我的年紀，可說是二十世紀的一代，但是深深渴望和平的心，讓我覺得自己更屬於這個世界的未來，更年輕的一代。在這個意義上，在這個更新的紀元，你們和我是同齡人。我生命的盡頭和你們人生的初期階段正處於十字路口。我們站在十字路口的交叉點，如同黑夜與黎明在天際交會的短暫時刻。黑夜將盡，但尚未破曉，而嶄新的一天即將誕生。如同翻閱書頁一樣，把地平線翻到下一頁。我的年輕朋友，我們的歷史下一章完全仰賴你們。我希望這將成為人類整個記憶中最美麗、最快樂的篇章。

從我生活在出生地西藏這個國家，便一直等待和平的未來。當我還是個青少年，我所了解的其他國家都來自我在拉薩狂熱閱讀的雜誌。一九五六年，騎著犛牛和馬首次訪問印度，我想我可能很幸運，可以從西藏山頂上、世界最高峰看到紐約的摩天大樓。我企盼能夠透過從前世繼承下來的青銅望遠鏡看到它，可以從布達拉宮的露臺上看到月球隕石坑。我從二十一歲以來，親眼目睹了現代文明，甚至在態度的轉變中扮演一小部分角色，但我仍然堅定地致力於對和平的早期承諾。從我以生命觀察這個世界的角度來看，如果你們這一代陷入暴力，將會目睹人類死亡的陣痛。我懇請你們留意，二十一世紀一定要是和平的世紀，否則人類將不復存在。

我呼喚來自世界各地的年輕人，成為地球上宣誓致力於和平與全人類福祉的第一代人。

要建立全球公民社會，不要為烏托邦奮鬥——把它當作一個戰略目標，因為確保二十一世紀不會重蹈過去的痛苦、破壞和流血事件，是你們每個人的責任。

這個世界的青年，你們是明日世界的公民。我相信，透過你們的精神，將能夠實現全球的和平與博愛，這是人類心靈的最大願望。

成為解決問題的一代

你們今天所面臨的問題，並不是你們製造出來的，而是我和你們的父母那一代，以及出生在二十世紀的人們，是問題的世代。你們必須成為解決問題的一代！你們的父母並不打算破壞環境。我們現在才意識到災難的嚴重程度，已經太遲了。為什麼？因為自然界的退化只會逐漸顯現，而且已經很長一段時間都無法察覺。

二〇一一年，我邀請國際專家到達蘭薩拉參加關於生態、道德倫理，和相互依存的會議[4]。其中一位嘉賓指出，無色無味的二氧化碳相當狡詐。如果它是藍色或粉紅色，並且有氣味，那麼我們就會意識到這一點，而政治家和公眾也很快就會意識到它日益集中在大氣中的危險。我開玩笑地說，我們應該讓所有的世界領導人進入一間上鎖的房間，並且讓這個房間裡灌注滿滿的二氧化碳，只要時間夠長，大量的二氧化碳足以讓他們開始呼吸困難，感覺越來越不舒服——當然，不是為了要讓他們窒息，而只是為了讓他們意識到這個問題，以便他們有所行動地採取緊急措施來保護這個星球。人類歷史上第一次，你們的生命權和你們孩子的生命權已經不再安全。

在這裡，我想恭喜一群年齡介於九至二十歲的年輕美國人，他們以後代子子孫孫的名義，主動地採取行動。為

4 二〇一一年九月，第二十三屆心靈與生命會議。尊者在會議期間進行辯論時，強調佛教與科學的交集，藉以加深我們對現實性質的理解。網址請見：www.mindandlife.org

了生活在沒有溫室氣體排放的環境，這群青少年正在爭取基本的憲法權利[5]。法官同意他們的說法，使用基於科學研究的論點：二氧化碳在大氣中的濃度，意味著不再保證在這個千禧年出生的嬰兒，可以健康地成長。這種訴訟，不局限在美國。世界各地，從北美洲到菲律賓，從紐西蘭到印度、到挪威，都出現氣候正義的國際運動，要求政府和大企業承擔其對環境的影響責任。你們，今天的年輕公民，正在開創氣候正義，意識到你們直接關心的事實，而且你們的未來正面臨危險。

事實上，你們之中很多人都參與這些問題，讓我對未來抱持的樂觀情緒充滿信心。無論是與氣候暖化、總體暴力，還是恐怖主義相關的問題，不是上帝、佛陀或外星人創造的。問題並不是從天上掉下來，或是從地面長出來的。人類對於造成這些危機的問題根源，必須負起完全的責任。這是個好消息，因為如果我們製造了這些問題，相

5 二〇一五年九月，由於氣候科學家詹姆斯・漢森（James Hansen）教授的支持，於俄勒岡地方法院提交朱莉安娜（Juliana）與美國氣候的訴訟案。網址請見：www.ourchildrentrust.org

信我們有辦法解決它們是合乎邏輯的。今天我們面臨的危機並非無可避免。問問你們自己：「如果友愛是我們對這些危機的回應呢？」

我的座右銘：自由、平等、博愛

我記得第一次聽到關於法國大革命的時候，我還是個生活在拉薩布達拉宮的孩子，然後偷聽到人們談論俄國十月革命。我對於所聽到的東西感到著迷，後來把握機會要求偶爾來到布達拉宮的外國訪客，告訴我更多關於他們的事情；可以這麼說，他們都是我的世俗老師。我還記得從西藏即時追蹤的第一場革命，那是匈牙利一九五六年革命，又稱為匈牙利十月革命。從地理位置上而言，我離布達佩斯很遠，但情感上，我覺得與年輕的叛亂份子非常接近。

我受到法國大革命的理想，也就是建立法蘭西共和國的座右銘所啟發：自由、平等、博愛。所以，我也採納相同的座右銘。作為佛教徒，我精神追求的目標是擺脫基本的無知，這是導致人與自然界之間存在分裂的觀念，也是我們所有痛苦的根源。平等是另一個佛教原則，認為所有有情眾生，不論是人類和非人類，都具有相同證成佛果的潛力。

我們稱之為平等、公正或平靜的實踐。座右銘的最後一部分是博愛，對他人的愛和慈悲的重要性，這是佛教徒在日常中所要培養的。印度憲法在座右銘中添加第四個要素：正義。這是明智之舉，因為沒有經濟和社會的正義，博愛只不過是一種高尚而空泛的理想。

一九五〇年，當我在拉薩宣誓成為西藏的政教領袖時，我的第一項政治行動便是支持我的兄弟。我曾在布達拉宮附近的監獄看到許多被判處「枷」刑的犯人。一塊沉重的木板，戴在囚犯的脖子上，如此沉重而僵硬，可以輕而易舉地造成囚犯的頸椎骨折。我下令在西藏全面大赦，然後藉由建立獨立的司法機構，展開我們封建社會的改革。我任命一個委員會，著手進行土地重新分配，並廢除農奴社會的貴族世襲債務制度。但是中國人佔領並迅速控制西藏之後，將他們的反民主現代化版本強加於我國。由於我的生命安全處於危險境地，所以在一九五九年不得不離開西藏。直到流亡印度之後，我才能夠為我們的機構建立一個有效的民主制度。

一九六〇年九月二日，在達蘭薩拉，西藏歷史上第一批政治人物宣誓就職。後來我撰寫憲法，宣佈民主分權，所有公民在法律之前皆平等，自由選舉和保障政治多元化。根據一九四八年頒佈的《世界人權宣言》，該文為世俗國家奠定了基礎，並將我們的精神價值轉化為對非暴力與和平的莊嚴承諾。

我必須運用所有的說服力來讓西藏人民接受這些改革，因為改革限制了賦予我的傳統權力的範圍。人民對我的頭銜位階的尊敬和過度的崇拜是一種阻礙，我意識到教育他們關於民主的必要性。直到二〇一一年，我終於得以自願並且非常自豪地移交政治權力，讓我們流亡政府的民主世俗化。因此，與法國革命者不同，西藏人民不必為了民主而斬首他們的國王，甚至是為了民主而犧牲自己的生命。

過去的革命並未改變人類的心靈

因為我是西藏的達賴喇嘛，人們驚訝於我所發表的政治觀點。不過，我是法國大革命的門徒。儘管對於法國大革命的進程沒有很詳細了解，但我想提醒人們，正是那些革命者帶來世界人權宣言與公民權利宣言，及其偉大原則，啟發了一九四八年的《世界人權宣言》。

你們可能不知道，在今天的西藏，禁止擁有這份宣言的內容；視其為嚴重顛覆行為，構成危害國家安全的罪行，並且遭到監禁和酷刑。了解這份宣言的革命意義是非常重要的。我的感覺是，從歷史上看，法國知識份子總是傾向於以全方位的思維模式思考，普世的觀點和對更廣闊世界的開放態度。他們之中最傑出的人，具有真正的叛逆精神，具有尖銳的批判意識，這對於二十一世紀至關重要，因為我們以舊世界意識形態造成許許多多的傷害。

正如我是法國大革命的門徒，我也是馬克思的門徒。馬克思認為法國是革命民族的典範，他以極其清晰的方式解釋一七八九年大革命的機制。舊政權不再符合時代的經濟現實，這導致社會階級之間的對峙，因為他們各自努力爭取獲得貴族的權力和特權。沙皇俄國布爾什維克革命的根源在於同樣的理論。那也是一場要求終止對無產階級的粗暴剝削的社會運動。這些爭取解放和社會正義的鬥爭意味著，只要政治領導人站在變革的道路上，革命是不可避免的。在財富重新分配和團結方面，我自認為是一個馬克思主義者，我對列寧和史達林選擇顛覆馬克思的觀點深感遺憾，帶來的結果是共產主義理想轉向了極權主義。

為了避免重蹈過去的錯誤，研究歷史是非常重要的。如果看看整個歷史上發生的所有革命，便會發現它們是出於仇恨、憤怒和沮喪，而產生利益衝突，直到變得無法控制，最終觸發革命性的過程。

法國大革命、布爾什維克革命，和中國文化大革命都導致暴力血腥、肆意破壞，與極端恐怖。這些革命可能導致政治領導人和政權更迭的崩潰，但他們並未徹底改變人類的心靈。

二十世紀後半葉發生的革命與早期的革命，在於動機不同，因為後期的革命抱持的是和平主義。年輕人是和平的革命者。他們是我呼籲面對我們這個時代挑戰的靈感來源，於是他們挺身而起，展開了一場人類歷史上從未有先例的革命。

3

帶來慈悲的革命

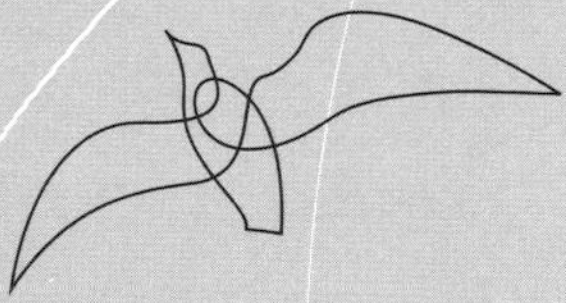

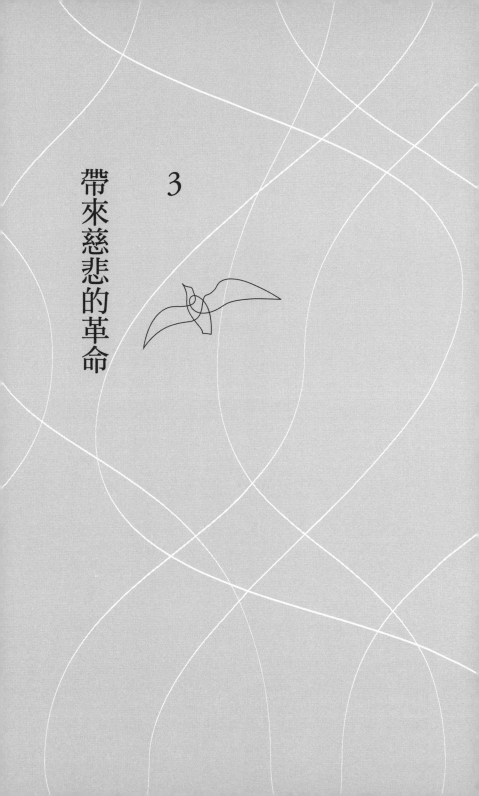

二〇一七年六月，我應加州大學聖地牙哥分校的邀請，在畢業典禮上發表演講。所有中國學生的家長讓這次旅行非常特別。我在典禮上疾呼：「籲請大家帶來一場慈悲的文化革命！」現在的學生具有相當的目標性。呼籲二〇一七年的文化大革命不是烏托邦式的。因此，我呼籲：「二十一世紀的年輕人，帶來慈悲的革命！」這些話並不想要成為公式化的安慰或空洞的口號，也不是一個與現實脫節的老和尚的天真夢想。

當我呼籲你們帶來慈悲革命時，同時呼籲從所有革命之母開始。許多傑出的個人呼籲不同的革命：經濟、科技、能源、教育、精神、道德、內心；良知和心靈的革命……所有這些革命都渴望創造一個更美好的世界。但對我來說，慈悲革命是心靈，是基石，是所有其他靈感的原始來源。

現在正是革命的時候

為什麼是現在？因慈悲至關重要。把它看作高尚的理想，或是美麗的情感，都是錯誤的。你們在這樣一個物欲橫流、個人主義的社會中成長，在這種社會裡展現你們的慈悲心，似乎是懦弱的象徵。如果我們也視之為懦弱的行為，就會忘記最重要的是，慈悲是維持生命的能量。現在，當我提出這項呼籲時，地球上的生命正在遭受重創；全球三分之二的脊椎動物滅絕了。

無論在田野、海洋、天空還是森林，地球上的生命都在經歷著嚴重的枯竭。這是繼六千六百萬年前恐龍大滅絕後的第六次大規模滅絕。對生態系統和我們的社會產生戲劇性的影響。這是人類行為的直接後果，其影響因科技高度發展而加劇。現在該是展現慈悲的時候了：為了保護生命，我們需要重新思考在地球上的生活方式。

今天，我們透過對發育、社交，和情感神經科學的研究，來測試情緒、感受和人際交往的能力，從而了解慈悲的生物特性。這些訓練表明，慈悲心對神經發生（新神經元的形成）具有正面影響，從懷孕開始，貫穿我們整個生命。反之，攻擊限制了神經迴路的發展，破壞大腦結構中的細胞，並阻斷某些基因的運作。

當涉及大腦的生長和可塑性時，慈悲心就具有重要的作用。它決定兒童和青少年的均衡發展，以及他們智力、情感，和關係能力的最佳部署。成年後，慈悲對個人實現和心理健康都是至關重要。研究表明，我們的思維狀態改變了我們基因的運作。如果運用慈悲心來灌注我們的思想，就可以阻斷基因的壓力反應，並改變大腦的生物化學成分：慈愛會產生快樂。

家長、教育工作者、小兒科醫生，和心理學家直覺地了解這一點。匯集愛護和保護、珍惜和關愛的客觀證據，對於人類來說是內在的，與生存條件至關重要。侵略性、破壞性、殘酷、憤怒，或殘酷的行為，不僅是反社會性，而且相當不自然。

我有一個夢想：女性將成為國家領導人

母親在我們的童年中扮演至關重要的角色：對於這個星球上所有七十億人類的生命的這個世界，這是真實不虛。眾所周知，如果沒有母親的愛，人類難以存活。這是自然法則。父親當然也扮演要的角色，但在生命的開始階段，母親的重要性是不可替代。母親最貼近自己孩子的身心靈。母親把每個生命帶進這個世界。體驗這種原始聯繫是決定性的。在孩子的成長階段，受到母親餵奶般的溫柔呵護。

現在人們認識到，大多數反社會人格的童年時代，都是肇因於缺乏母愛。

我出生於西藏東部的一個小村莊，在一個貧窮家庭成長，但我總是感到富有；我的母親在我身上揮灑無盡的愛。我從來沒有看到她生氣的表情，她總是在她周圍散發出善意。我認為她是我的第一位老師。正是她向我傳達慈悲無價的課程。

我呼籲下一代的年輕女性，成為本世紀非常需要的慈悲革命之母。你們可以在創造一個更美好的世界中扮演特殊角色。人們通常認為，女性更具移情性和敏感度，更容易體會他人的感受[6]。這些都是從母親身上所體現的品質。就這個意義上來說，女性是人性的典範。研究歷史，

6　詳見丹尼爾．高曼（Daniel Goleman）關於此點的討論。

你們會看到，在所有五大洲的每個時代，都有該為造成屠殺和破壞負責的人。當他們應該被定罪為犯罪份子時，卻被視為是英雄般的受到崇拜！

最強的法則在史前時代便已存在。男性的肌肉力量較於女性佔盡優勢，於是確立男性的支配地位。但隨著時間的推移，這種關係已發生變化：教育、知識和技能，變得非常重要。我是堅定的女權主義者，我很高興看到越來越多的年輕女性擔任位高權重的職務。我有幸見到國家元首是女性，我鼓勵你們，我的年輕朋友，在你們國家的政治和經濟生活中發揮積極作用，以便你們在關鍵位置上推進慈悲的革命。

請接受領導的角色，因為我們需要你們促進愛和慈悲。實現我的夢想，有一天，這個世界的兩百個國家將由婦女負責治理。如此，戰爭、暴力，以及經濟和社會的不公平將會減少。不管你要做什麼，請不要視為理所當然地假設，為了達到高級職位，並想要長久待在那個位置，需要採取最可恥的男性化行為。真正的力量源於愛與慈悲。以愛與慈悲的方式行使權力，暴力就會減少。千禧年的年輕女性：在此呼籲大家，在所有革命之母的先鋒隊伍裡佔有一席之地。

承認所有宗教的失敗

當我呼籲大家引領慈悲革命時，並不是以一種意識形態的名義，跟你們講話。我著實不相信意識形態——那些適用於現實的先入為主的思想體系，以及當權執政的政黨強加權威的手段。意識形態更加危險，因為它會滲透到社會的各個階層；不僅無法再辨別它，你們的世界觀也不自覺地受到它的形塑。

甚至我也不會談到作為佛教徒、達賴喇嘛，或作為藏人的慈悲革命。我正以一個人的身分向你們說話，請求你們永遠不要忘記，在你是美國人、歐洲人、非洲人，或某個特定宗教或族裔群體的一員之前，首先你也是一個人。

這些特點都是次要的：請不要讓他們成為主宰。如果我說「我是和尚」、「我是佛教徒」，或是「我是藏人」，這些都是從屬於事實的現實，然而，首先我是一個人。

再次明確地指出：我們都是同屬一個人類大家庭的成員。我們的爭吵都是源於次要的原因。必須建立在信任與理解，以及相互支持基礎上的密切關係，而不受到文化、哲學和宗教差異，或信仰問題的束縛。作為人類是基礎。出生為人，直到死亡那天的到來之前，我們都還是人類，這是不可改變的事實。其他不太重要的特徵，則受到不確定性的影響。

在巴黎恐怖襲擊事件發生後，我勇敢地面對宗教的失敗。每一個宗教都堅持培養分裂我們的東西，而不是把我們團結在一起；未能成功地創造出更好的人類，或更美好的世界。這就是為什麼現在，二〇一七年，我毫不猶豫地告訴你們，迫切需要超越宗教的理由。人們可能在沒有宗教信仰下生活，但一個人可以在沒有愛和慈悲下生活嗎？

答案是不可能的。正如科學所證明的那樣，對慈悲的需求是人類生命的基本需要。

集體智慧與慈悲

你們是年輕人，面對不同的意識形態和宗教衝突，以及過度利用自然資源，而不給予生命脆弱基質再生機會的經濟體系。如果我們都像世界上最肆意揮霍的人那般的生活[7]，那麼將需要五個以上的行星，才夠我們揮霍！六十七位億萬富翁的財富，等同於世界一半人口的財富，這完全不符現實，讓人完全無法接受。

那麼，你們將如何處理因病理性個人主義造成的無意義狀況呢？唯一的出路就是掀起一場「慈悲革命」，透過擴大團結，為民主注入新的活力。讓慈悲成為社交生活

7 《慈悲如何改變世界：柔軟的心最有力量》（*A Force for Good: The Dalai Lama's Vision for Our World, 'Women as Leaders'*），英國布魯姆斯伯里出版社，二〇一五年。

的核心；開發新的協作模式，將當地社區與全球網絡社區連結起來。基於共享，充分利用集體智慧。首先，成為行動的世代。你們可能是歷史上第一代，面對我們共同星球上生命滅絕的真實可能性的人類，但你們也是最後一個世代，能夠為這個地球做點事情的人。若從你們離開後才開始，那就太遲了。

想要帶來慈悲的革命，需要有所覺悟。存於地球生態系統的孩子，你們是生活在第三個千禧年最初幾年的人類。這個世界是你們的家，所有的人類是你們的家人。

投入國際意識運動背後的想法，並盡可能地推進其理論基礎。培養對每一種消費行為的集體警惕感，評估其能源記錄。了解日常事物的生產方法，如何回收它們，以及它們飄忽不定的影響。

使用一次性塑料餐具，升級手機，享用牛排或雞塊，看起來似乎無害。況且一個塑膠瓶只有幾公克的重量。一切似乎看起來都很好，但是如果七十億人類都使用這些幾公克的瓶子。結果呢？每秒鐘就有兩百零九公斤的塑料被傾倒進入海洋，其中大部分進入成千上萬海岸線沿岸的鳥類和海洋哺乳動物的胃裡，導致死亡。牠們死於飢餓，牠們的肚子裝滿瓶子、塑膠杯、牙刷、打火機……所有這些東西都是我們經手使用過的。

另一個例子：生產一公斤牛肉，需要十五公斤穀物和五十公升水。全世界三分之二的耕地用來種植餵養牛隻的飼料，為富裕國家的餐盤提供美味的牛肉。這些生產方式是罪惡的，如果我們都成為素食主義者，飢荒便會立即結束。

例如，美國一天沒有肉類，就能夠使兩千五百萬人獲得一年的食物。因此，拓寬視野並思考，而不要忽視各種相互關聯因素的複雜性。

這些信息，以及其他信息，可以從你們喜歡的社交媒體即時獲得，並且可以讓你們獲得驚人數量的集體智慧。在一個國家發生的事件會影響世界各地的人們：這是我們這個時代的新現實。我們必須意識到我們與七十億人類，以及所有調節我們生存的生態系統之間的重要連結。個人主義、自我中心的態度是危險的，因為它們不是基於現實。因此，我邀請大家去追求一種認知生命互連性的內在轉化過程。你是世界的一部分，就像世界是你的一部分一樣。當你作為一個改變的個體時，也改變了世界。意識到我們的相互依存最終將導致暴力減少，因為關心他人的福祉，也是成就自己的福祉。

違反自然的自我主義

有意識，意味著不受制於情緒或幻想。暴力、視覺特效，無疑是迷人的。你們從螢幕上，每年平均可以看到兩千六百起謀殺案，而在現實生活中，我希望你們並不願意看到任一起案件的發生。目睹恐怖襲擊的凶殘暴力，讓你們意識到暴力有多麼可恨。請了解影音娛樂的暴力是一種幻想，並且是助長恐懼的一種行業。大家必須認清楚這一點。我希望你們成為第一代練習我稱之為「情緒衛生」（emotional hygiene）的人。你們被教導要注意吞進肚子的東西，避免對健康有害的食物和行為。

當然，這是重要的。但我主張，我們必須教導孩子們理解，而不是壓抑自己的情緒。試驗性研究已在美國、加拿大和印度啟動。請想一想，便會意識到自己必須為在生活中遇到的大多數問題負責。為什麼？因為你們讓自己受到反覆的破壞性情緒模式的驅使。意識到這一點，相當重要。這就是為什麼我會在二〇一六年五月發表「情緒地圖」（Atlas of Emotions）[8]。

這是一個全面而精確的情緒狀態圖，由我的朋友心理學教授保羅・艾克曼（Paul Ekman）博士，負責帶領

8　根據二〇一七年全球足跡網絡（Global Footprint Network）提供的數據，網址請見：www.atlastofemotions.org

一百四十九名專家組成的研究團隊完成。造訪這個網站，使用旨在指導你們完成感覺卷積的互動式地圖，並且可以即時知道你們的反應。情緒地圖應該可以幫助你們評估需求，和外來事件對自身心理狀態的影響。例如，一個會引起攻擊的參數。隨著刺激感的增長，必須學會識別這些符號：嗓門變得很大，變得生氣，有時甚至是暴力。因此，情緒地圖應該會教導你們如何預防，接著是消除負面的自我毀滅感，以便能夠培養正向積極的情緒。

我在佛教思想的經典教育下，學會了關於相互依存的規則，以及人類無限慈悲的潛能。我們的祈禱包括四無量心：愛、慈悲、喜悅和平靜。然而，除了宗教之外，當代物理學已經讓我從不同的角度瞥見這些意識狀態的無限質量。我特別透過與印度核物理學家拉賈・拉曼娜（Raja Ramanna）的對話而了解這一點。

他向我解釋，他在偉大的佛教大師龍樹菩薩的思想中發現量子力學的不確定性原理，進而發展「因緣」或「緣起」的哲學。量子視覺證實了相互依存，存在於極端錯綜複雜的微妙水平的祖先直覺。即使在最細微的意識層次上，也可以超乎想像的任何方式，與太陽系、銀河系和宇宙產生共鳴。在你出生之前，在你的生命存在期間，在你的身體死亡之後，你的細胞會與宇宙共振，而其中的界限是未知的。你的想法和你的感受，遠遠超出自己可以想像的範疇。

不要認為利他主義的實踐，等同自我忽視或自我剝奪。相反的，你會發現藉由對他人做好事，對自己是有所幫助的，這全然歸功於相互依存的原則。所以你會擁有一種平和、不偏不倚的氣質，並意識到自我主義是違背自然的，因為它是對抗相互依存的基本現實而產生。我鼓勵你們意識到，在你自己的生命中，自我中心如何關閉一扇扇的門，而利他主義則會幫助你敞開大門。

西方哲學、意識形態、政治和經濟理論，傳播這樣一種信念，即受到競爭、羨慕、嫉妒和怨恨的推動，助長社會的創造力和活力。二十世紀加劇了破壞性競爭力。人們共同生活在一種互相冷漠和退縮的基礎之上。我當然很欣賞西方社會的驚人增長，但我惋惜他們的意識形態，導致你們父母的那一代忽視相互依存的規則；而相互依存是慈悲的必然結果。在富裕國家尤為突出，大多數人享有非常高的生活水準，然而這些國家仍然非常的孤立。雖然有這麼多鄰居，但很多老人家卻只對貓狗表達感情，這豈不是自相矛盾嗎？在此請求大家以更大的愛，為他人更多著想，重新關注你的社會和人際關係。

4

你能為世界做些什麼？

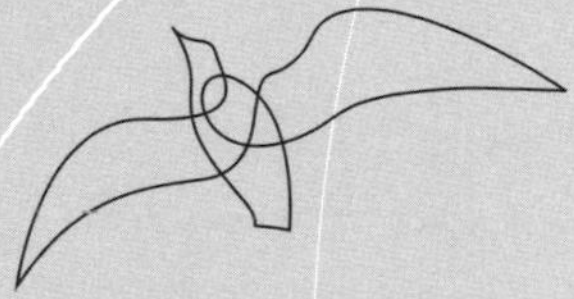

我的年輕朋友，你們可能想知道如何開始一場慈悲革命。這是一場內在革命的過程，但並不意味著它不會影響外部世界。相反的，其後果將遠遠超越法國、布爾什維克，或中國革命的結果——況且他們是有史以來最極端的革命。如果沒有你們這一代，以及你們孩子的動力，「大悲日」就不會發生。我曾提過慈悲的神經生物學基礎，會讓你們適應自己和他人的痛苦，因此，可以給予你們慰藉。問題在於如何將這種人類傾向擴展到你們的親友，還有未知或甚至是敵對的人？

如同訓練奧運選手般地培養慈悲

這個問題藉由在北美各大院校的實驗室開發的慈悲科學來解決[9]。心理學和精神病學教授理查・戴維森（Richard Davidson），是一位傑出的發起人。當他在一九九二年首次來到達蘭薩拉看我的時候，他承認「私下」練習禪修，因為他的同事沒有把他的行為當作一回事；同時，他概述了研究憂鬱症和心理障礙的基礎。

當時我也指出，研究人類心靈的病態很重要，研究如何培養積極的心理態度是很好的方向。我相信，人們可以培養自己的慈悲、愛，和幸福的藝術；的確，我在冥想觀修時，自己這樣訓練自己。戴維森考慮了我的建議，並重新調整他的研究方向。起初，他沒有談論他在做什麼，但

9 史丹福大學的慈悲與利他研究與教育中心（http://ccare.stanford.edu）；埃默里—西藏科學倡議（https://tibet.emory.edu）；以及麻省理工學院的達賴喇嘛道德與變革價值觀中心（http://thecenter.mit.edu）。

這種情況已經逆轉了二十五年。研究補助金現在流向他的部門，那裡正在開發一種非常真實的慈悲科學。

透過比較動物和人類的行為，研究人員可以觀察認知能力和分析推理如何為慈悲的發展做出貢獻。如果看看自己，你會發現你的慈悲回應中，有一個五階段的順序：

第一階段，認知：你認識到他人的痛苦；

第二階段，情緒：你關心痛苦；

第三階段，意圖：有一種解脫的欲望；

第四階段，你把注意力集中在他人的痛苦上；

第五階段，行為：採取具體行動減輕痛苦。

識別這五個階段是實踐有系統的慈悲的第一步[10]。

專注於成為慈悲的精英運動員。你會透過常規練習來提高表現。自二十一世紀初以來，大腦可塑性——藉由反覆和漸進的練習來改變大腦的結構、化學和功能——已被神經科學家臨床驗證。換句話說，透過具體的練習，你可以發展一種無條件的慈悲。這裡有兩個例子：

首先，有一名藏僧，名叫洛本勒（Lopön-la），在中國勞改營被拘留十八年；他在我家，達蘭薩拉尊勝寺，度過生命最後的歲月。他告訴我，在監禁期間特別面臨著一種危險。我以為他是指因酷刑和虐待而喪生的可能性。但不！那個危險是面對酷刑而喪失他的慈悲心。對於洛本勒來說，他從未停止過培養對所有眾生的愛，包括折磨他的人。

10 認知基礎的慈悲心培訓（CBCT），一九九八年由達賴喇嘛在埃默里大學的多學科和沉思研究中心發起，與埃默里大學宗教系高級講師與博士格西·洛桑·涅吉（Geshe Lobsang Negi）、南印度和哲蚌寺洛色林佛學院共同合作。

第二個例子是我的英雄理查・摩爾（Richard Moore）。當年還是北愛爾蘭倫敦德里（Londonderry）的十歲小孩，他被一名英國士兵的橡皮子彈擊中，雙眼失明。幾天後，他的叔叔遭到英國傘兵殺害；英國士兵在一九七二年一月三十日的血腥星期日抗議遊行中，向示威者開槍射擊，將手無寸鐵的示威者貼上主張分離主義的愛爾蘭共和軍、炸彈客，或是槍手的標籤。儘管如此，他設法原諒擊傷他的士兵，之後他們相識並成為朋友。理查創辦一個慈善組織，幫助全球陷入貧困、不公平，和不平等戰火之下的兒童和年輕人[11]。這是人類慈悲可以培養的巨大程度，一個很好的例子。這是寬恕與和解不可阻擋的力量。

請放心，你們不必經驗這樣的歷練，或是成為佛教徒或西藏僧人，才能達到這種無法衡量、慈愛、無盡的慈悲。你也可以成就無量的慈悲。首先，告訴大家：「慈悲

11 https://www.childrenincrossfire.org/

應該是生命的原動力！」你們需要從根本上改變自己對人性的理解。如果你們這一代發展出科學的信念，每個人都擁有一顆善良而大方的心，想像一下，這樣深遠的結果——社會如何充滿對人性的正面看法！

當整個社會充滿對人性的正面看法時，就可以看到權力鬥爭將轉移成基於相互信任和共同利益的關懷經濟（caring economy）。基於仁慈、包忍、慷慨、善良、寬恕，和非暴力等普遍人類價值觀的當代倫理，將取代挑釁禁忌、對懲罰恐懼的道德觀念。你們會以理智和慈愛為基礎，帶給你們的孩子一個全面性的教育。

普世責任

基於個人層面進行培養利他主義，鼓勵個人在全球範圍內承擔責任。二〇一七年四月十九日，一些年輕的法國YouTube實況主來採訪我關於普世責任（universal responsibility）時，讓我相當高興。有位十五歲半的女孩阿黛爾・卡斯蒂隆（Adèle Castillon）戲劇性地展現自己的肌肉，問我說：「我可以用我小小的二頭肌為這個世界做些什麼？」我回答她，這樣瘦小的手臂可能做不了多少事。然後我建議她調整自己的心態，認識每個行動、每句話，和每個念頭都能產生全球共鳴；你們每個人都可以透過在網路上發送訊息來進行體驗。因此，行使個人自由賦予你們在全球範圍內的責任和義務，以及各種權利。

請注意，人類的未來並不完全取決於政治家、大公司的執行長或聯合國。未來掌握在所有認識到自己，是「我們這個世界七十億人類」的一部分的人們手中。個人無法解決世界上的問題。如果不訴諸強制，玩弄責備遊戲，並始終尊重多元主義，那麼透過榜樣的力量，你們將可激勵其他年輕人。你身邊負責的人數將從十人增加到百人，然後數千人。你們將會看到我們星球的狀況有所改善。你們和你們的孩子將可以生活在我所夢想的世界，但無疑的是，我是不會看到這樣的世界到來。

目前出現的問題，主要是因為忽視人類大家庭和地球生態系統的福祉所致。請記住：普世責任不僅影響人類，也影響所有非人類的眾生。我在孩提時代，老師教會我照顧自然界。長大後便完全意識到，所有的動作都是有感覺的，而痛苦、快樂和喜悅都與意識相關。沒有任何眾生想要痛苦。在佛教實踐中，我們習慣於慈悲——渴望結束所有的痛苦——我們小心翼翼地不要攻擊或破壞任何形式的生命，包括植物等生命，我們以愛和尊重對待。但你們，我的年輕朋友，在一個以科技實力為傲的世界成長，並深信自然必須受到控制，甚至改變。

這是一個嚴重的錯誤。這種態度並不務實，只是名義上的科學。你們每個人都是自然和慈悲法則的一部分，你們要像是照顧自己一樣的照顧它。

緊急警報

為了你們自己的孩子和後代子子孫孫，在此呼喚你們啟動一場以慈悲為動力的革命。當西方人談到「人類」時，他們通常指的是現在。事實上，過去幾代人類的人口很少，而未來尚是未知。從西方的角度來看，所有這一切都是今天的一代和眼前的利益。但是，只有包含考量我們之後的世世代代，才是普世責任。我們不能漠視這樣一個事實，即在二十世紀增長三倍的全球人口，將在本世紀末增加兩倍或三倍。

根據目前的增長模式，全球經濟的發展造成能源過度的消耗、二氧化碳大量的排放，和森林高密度的砍伐。如果不改變我們的行為，全球環境將會惡化，超過我們目前所看到的一切。我讀過科學研究報告：科學家們只給我們三年時間來大幅降低目前的消耗率，這是極端二氧化碳排放的原因。到二〇二〇年，一切都太遲了。全球暖化失控；所有五大洲都將觸發致命的熱浪，同時海平面上升。時間並不在我們這邊，這就是為什麼我呼籲所有年輕的千禧世代，加速這場激進的革命。

我的年輕朋友、兄弟姐妹們，在我的生命歷程中，見證了我們不斷變化的世界。今天，我們面臨著這樣的危險，至關重要的是，我們不可以把頭埋在沙子裡，就認為一切不會發生。對於那些具有自然原因的環境問題，或者是地震、不可阻擋的災難，不一定能夠找到解決方案。而由於全球暖化，颶風、海嘯、洪水、乾旱，和山體滑坡等災難只會加劇。唯一的解決辦法就是勇敢和果決地面對這一切，請與你們的同胞們並肩站在一起，向最脆弱的人們展現兄弟般的團結和愛心。

只有透過相互支持與合作，你們才能夠遏制由經濟和社會不公正，以及受到貪婪、自私，和其他負面心理狀態的推動所引起的災難。如果將你的意識轉向更大的仁愛和責任，便會找到真正的解決方案。地球正帶給大家清晰的跡象，表明無意識的人類行為所帶來的後果。歷史上第一次，人類的未來取決於即將到來的一代：你們。你們要對億萬人類的福祉，與地球上各種生命的生活方式負責。保護自然資源和守護空氣、水、海洋、森林、動植物，都仰賴你們的決定。為了照顧我們的地球，必須意識到只有你們的愛和慈悲的潛力。學會透過分享來愛地球，而不是努力擁有它，進而摧毀它。

毫無疑問，慈悲的革命需要二十或三十年才能產生人類行為的必要改變。但是，在這種變化到來之後，將會看到一個充滿慈悲心和責任感的人類世界的喜悅。

這將是留給你們孩子，以及你們孩子的孩子的新世界。他們會長成一個團結的人類家庭，意識到自己是一個身體，一種意識。隨著你們邁向更公平、更快樂的明天，守護你們的青春熱情和樂觀。

5

一個慈悲世界的存在

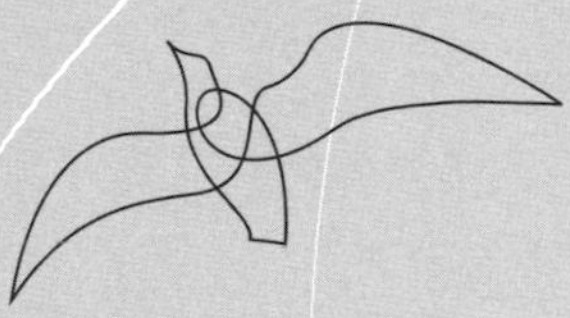

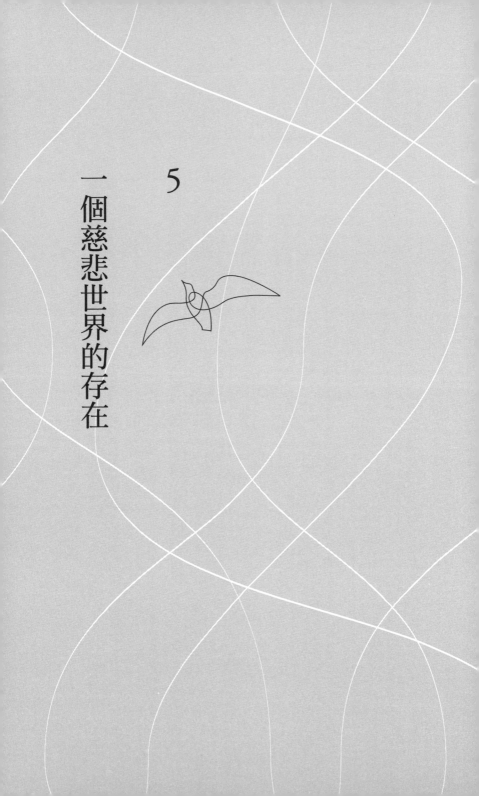

蘇菲亞的結語

二〇一七年四月十九日，清晨。四名年輕的法國實況主[12]剛剛經歷一場生命中非凡的體驗。我帶他們去見西藏人民的精神領袖，也討論這本書。雖然他們對達賴喇嘛不

12 阿黛爾·卡斯蒂隆（Adèle Castillon）、炸薯條（Seb la Frite）、瓦倫丁·芮維迪（Valentin Reverdi），以及蘇海安·本多尼（Sofyan Boudouni）四位實況主，在電影導演安妮·德本（Anaïs Deban）陪同下，前往印度覲見達賴喇嘛。請見炸薯條的影片《JOURNEY IN INDIA》，網址請見：www.youtube.com/watch?v=wmT0h3e6Am0

甚了解，但他們對他很著迷，並且知道尊者體現了仁慈的人性。他們閱讀《普世責任憲章》[13]後受到啟發，前來與尊者見面；《普世責任憲章》讓他們尋求新的思維方式，並提供他們了解打開門鎖的鑰匙何在，幫助他們去創造一個更美好的世界。達賴喇嘛表示，既然他們是法國人，為什麼不在法國開始我們這個世界所需要的革命呢？儘管尊者正對著年輕的實況主講話，但他在講話時卻轉頭看我。之後，尊者伸手擁抱我，稱呼「我的老朋友」！

這次提到法國大革命，讓我回到幾個月前的二〇一六年九月十三日。我與巴黎律師協會合作，在全球環境論壇期間，與達賴喇嘛和三百五十名律師、國際環境專家舉行一場會議[14]。在介紹性發言時，我提到一七八九年法國大革命，以及由律師領頭的事實。第二天，在法國參議院，達賴喇嘛朝著我的方向展現熟識的微笑，他說自己是法國

13 《新現實：普世責任時代》（*The New Reality: The Age of Universal Responsibility*），法國Les Arènes出版社，二〇一六年。

大革命的世俗門徒。所以，我把他的結論性語言解釋給實況主了解，並提出邀請，懇請大家協助尊者將革命的呼籲，號召今日世界的青年共同關注。獲得尊者的首肯，於是三個月後，我們有了一次新的會面。

達賴喇嘛的革命

二〇一七年七月，在北印度的拉達克。達賴喇嘛在寂園和平宮（Shiwatsel Phodrang）接待我。在我們碰面時，尊者專注地看著我，把一種非常強烈的能量傳遞給我——即激勵他的慈悲革命的能量。

達賴喇嘛自己親身經歷了慈悲的革命，現在他將信

14 特別邀請羅伯特・巴丹泰（Robert Badinter）、巴黎律師協會主席弗雷德里克・西卡德（Frédéric Sicard）、巴黎律師協會副主席多米尼克・阿蒂亞斯（Dominique Attias）、律師派翠西亞・薩文（Patricia Savin）、科琳・里佩吉（Corinne Lepage）、亞恩・阿吉拉（Yann Aguila）、伊鋒・馬蒂內（Yvon Martinet），與「歐洲和平與普世責任」（PURE）的創始總裁阮科（Khoa Nguyen）出席普世責任、法律和環境會議，網址請見：www.universal-responsibility.org

息委託給我。在為我們的見面做準備時，我匯集一些實踐藏傳佛教的精神，稱為修心的思想訓練偈頌。這個詞，包含一系列的心理訓練，逐漸重新調整意識，使其不再以自我為中心的方式發揮作用，並成為自發的利他主義。即便如此，達賴喇嘛堅持認為，對於二十一世紀的年輕一代來說，慈悲的訓練必須以集體經驗和常識驗證的神經科學研究為基礎。首先，因為科學在精神上是普遍主義，而宗教則是分裂的。其次，因為今天的年輕人都具有一種科學的態度。第三，為了改變思維方式，他們必須知道思維是如何運作，並且擁有可供他們使用的神經科學工具來凝聚所有知識與理解。

達賴喇嘛本來可以借鑒佛教心理學——這是兩千五百年的內省現象學所支撐的基礎。尊者將自己定義為一半的佛教僧侶和一半的科學家，在過去三十年，他努力展現神經科學與心靈的佛教科學之間的合作，透過導入冥想來研究實驗室、醫院和學校，如何使人們重新理解心靈、醫學和指導。但是和新千禧世代談話時，尊者就把自己放在和他們相同的位置。什麼是指導他們度過當前危機的最好方式？答案是：超越宗教，在人類理性和常識的基礎上學習慈悲，而不涉及任何信仰體系。當我聆聽尊者的話時，只知道尊者的信息的顛覆性和迫切需要的傳遞性。我們合作很久時間，第一次共同寫書是在二〇〇九年的《達賴喇嘛的心靈之旅》（*My Spiritual Autobiography*）。在接下來的幾個星期，我仔細地思考，因為在我腦海裡重現我們討論的焦點，便於我可以將它們內化並編寫成書。

存在與共生

我的想法透過與律師和立法者的討論被滋養了，最初在二〇一五年聯合國氣候暖化大會期間，當時我提出達賴喇嘛關於生態學的信息[15]，慈悲革命的精神得到強烈回響。這種合作產生一系列題為「法律與意識」的研討會，強調基於法律的集體承諾，與自覺個人承諾之間的聯繫。

15　二〇一五年十二月舉行《聯合國氣候暖化框架公約》（COP 21）。

鑒於當前的環境危機，這兩個要素的結合——一個至關重要的必要性，在於承認我們與地球生態系統的多重相互依存關係，以及承擔普世責任的必要性。

有天傍晚，在與達賴喇嘛會面後，我以非常私人的方式體驗赤腳走在拉達克的印度河沙質河床上。喜馬拉雅山脈的巨大山脈俯臥在地平線上。其巨大的側翼被狂風吹拂，而它的高峰穿透天空的弧線。但是，當我接觸流水時，礦物景觀的視覺漸漸消失，我的腳下充滿生命。

我和「獅子河」[16]的活水合而為一，這個活水來自靠近崗仁波齊附近的一座冰雪脈石，這座神聖山脈散佈著由虔誠朝聖者建造的奉獻神殿。

我成為這個擁有五千萬年歷史的水體及其蜿蜒不羈的峽谷的一部分，從雪域一路奔流拉達克和巴爾蒂斯坦，沿著喀喇崑崙山脈和興都庫什山脈，橫越超過三千公里，向

16 雅魯藏布江的藏文。

南灌溉旁遮普邦和信德省的平原，最後擁抱阿拉伯海與它廣袤三角洲的七個脈絡。

溫柔的水吻上我的腳踝，讓我感受到生活在「世界屋脊」的藏人的痛苦，這是一座露天監獄，宗教和世俗的兒童、青少年、男女老少，經常自發性地進行自焚，作為一種藐視與抗拒中國獨裁政權的行為。迄今為止，面對世界各國漠不關心的情況，已有超過一百五十名藏人自焚而亡。

我成為一個擁有河流般強大聲音的人，因為它席捲了抑制不住的憐憫之歌，呼喚人類尋找那原始慈愛的光輝源泉。

在這些喜馬拉雅山脈的景觀中，我發現存在的手段是按照單一的生活體系共生。幾個月前，二〇一七年三月二十一日，印度北部的北阿坎德邦將「生存實體」的地位授予恒河、其支流亞穆納河，和其領土上的所有河流。其高等法院賦予河流、溪水、山洪和瀑布，與人類一樣的地位和合法權利，從而使它們成為我們地球生態系統核心的兄弟姐妹。印度法官將它們置於「具有人臉的父母」的保護之下，負責保障它們的健康和福祉[17]。

我感受了與印度河的親緣關係，這種親密關係更加深刻，因為這條河嚴重受到威脅。在下游，城市郊區的工業汙染和人口過剩，已經將其變成一個巨大的下水道。隨著興建大壩破壞印度河內形成一個單一實體的生態系統，造成水生動物群幾乎消失。現在只剩千隻海豚在它的水域中生存。由於全球暖化的關係，其三角洲遭受砍伐森林和海平面上升的破壞。農業用地和淹沒的紅樹林小溪，已導致一百多萬難民被迫遷移。沿著整條河流，在自然滋養的生命力和人類掠奪，造成毀滅性的生態滅絕之間劃定了界線[18]。從拉達克回來的航班上，我很高興在印度航空的《蘇巴雅扎》（*Shubh Yatra*）機艙雜誌上讀到印度聯邦政府

17 國際法與人權律師瓦萊里．卡芭妮絲（Valérie Cabanes），《正常人》（*Homo Natura*），法國Buchet-Chastel出版社，二〇一七年。

18 關於生態滅絕的定義，請參閱：http://www.endecocide.org/

水資源、河流開發，和恒河振興部長烏瑪・芭爾蒂（Uma Bharti）的談話內容：「我相信水的問題應該用愛，而不是侵略來解決。我們已經與尼泊爾和孟加拉合作，正是本著這種精神，我們也將與其他鄰國進行合作。」這項宣言是一場重大革命的一部分，其基礎是自然本身擁有權利的概念，現在法律工作者正在設法獲得批准這項權利。其他政府也積極效法。二〇一七年九月十九日，法國總統艾曼紐・馬克宏（Emmanuel Macron）在聯合國大會上發起《全球環境契約》（the Global Environment Pact）[19]，這是巴黎協議後續關鍵的一步。

四十年前，人類學家克勞德・李維史陀（Claude Lévi-Strauss）有先見之明地指出，人類在享有特權的時候，必須有所限制，否則恐將導致動物或植物的物種滅

19 《全球環境公約》是由大約一百名國際專家，在前法官、國務委員會成員、法律人俱樂部環境理事會主席，和公約專家委員會總幹事的法國律師亞恩・阿吉拉（Yann Aguila）的指導下起草，請參閱：www.pactenvironment.org

絕[20]。今天，我們需要一個新的社會契約，因為現有的法律只關注現在和人類。

這個新的社會契約需要預測未來的全球破壞，在這個世界，到了二〇五〇年，每七個人中就有一個人被預測為氣候暖化難民[21]。

慈悲革命已經到來

「我們都知道環境問題。但是我們是否注意到這些問題？」派翠西亞．薩文（Patricia Savin）律師預見似地提問[22]。這是慈悲革命可以充分發揮作用的地方。法律轉型

20 克勞德．李維史陀（Claude Lévi-Strauss），法國《世界報》（*Le Monde*），一九七九年一月二十一日。

21 伊鋒．馬蒂內律師設計的《環境難民憲章》（www.lawandconsciousness.org），以及科琳．里佩吉律師設計的《世界人類權利宣言》（www.droitshumanite.fr）

需要伴隨內在轉化，改變我們的整個思維方式，將利他主義置於我們生活的核心。正在制定的改革本身可能非常貼切，但還是不夠。我們必須從表現、競爭和對抗的文化，轉向共享與團結的文化。這就需要一場革命：慈悲的革命。革命已經開始了，也有其他名字，其他代言人。

馬修・李卡德（Matthieu Ricard）稱這場革命是利他主義革命。他在自己的書《利他：慈悲的力量能改變你也改變世界》（*Altruism: The Power of Compassion to Change*

Yourself and the World）[23]中，由超過一千個科學參考資料證明，慈悲心改變了大腦的結構、化學和功能。透過在亞

22 二〇一七年八月三十一日，巴黎律師協會、永續發展委員會主席、環境領域總裁，在氣候與意識會議上發言，請見網址：www.lawandconsciousness.org

23 馬修．李卡德（Matthieu Ricard），《利他：慈悲的力量能改變你也改變世界》（*Altruism: The Power of Compassion to Change Yourself and the World*），英國Atlantic Books出版社，二〇一五年；李卡德與沃夫．辛格（Wolf Singer），《超越自我》（*Beyond the Self: Conversations between Buddhism and Neurosciences*），美國MIT Press出版社，二〇一七年。

洲的人道工作[24]，以及對動物權利事業的承諾，他將這些見解轉化為行動[25]。

哲學家阿布登努．比達爾（Abdennour Bidar）指出，慈悲革命是一場博愛革命；他呼籲我們「一起修復這個破損的世界」[26]。他注意到人際關係危機是所有危機之母，在「一個多種損傷和多重結構的世界」，他形容這是「將友誼轉化為政治項目」的必要性。

根據印度物理學家和生態學家紈妲娜・希瓦（Vandana Shiva）[27]的說法，慈悲革命也是地球民主運動

24 悲智（Charity Karuna-Shechen）慈善基金會，網址請見：www.karuna-shechen.org

25 馬修・李卡德，《為動物請命》（*A Plea for the Animals*），美國Shambhala出版社，二〇一七年。

26 《為博愛辯護》（*Plaidoyer Pour la Fraternité*）作者，法國Albin Michel出版社，二〇一五年。《織布工》（*Les Tisserands*），法國Les Liens Qui Libèrent出版社，二〇一六年。《今日共享與傳輸的價值何在？》（*Quelles Valeurs Partager et Transmettre Aujourd'hui?*），法國Albin Michel出版社，二〇一六年。博愛運動創始者，請見網址：www.fraternite-generale.fr

的內在組成部分。她提出十項關於種子、水、食物、土地，和森林的人類主權原則，以便人類能夠在與所有生命和諧共存之中，實踐真正而深刻的民主。

慈悲革命也被稱為「平靜革命」[28]，為與民間社會，特別是與年輕人接觸的概念注入希望，轉而支持更具環保意識、參與性，和富有慈悲心的社會。

慈悲的革命已經到來。這不是一場夢。一個富有慈悲心的世界存在。它隱藏在我們周圍的世界[29]。

二〇一七年七月在拉達克，與達賴喇嘛對話期間，我向他保證，我將盡我所能確保盡可能多的人們，能夠傾聽

27 由於她在一九九三年獲得「正確生活獎」的肯定，進而獲得獎勵；該獎項又稱為另類諾貝爾獎，請見網址：www.navdanya.org

28 貝內迪克特．馬尼耶（Bénédicte Manier），《平靜革命》（*Un Million de Révolutions Tranquilles*），法國Les Liens Qui Libèrent出版社，二〇一六年。

29 回應詩人保羅．艾呂雅（Paul Eluard）的話：「另一個世界的存在。而它隱藏在這個世界之中。」

他的呼喚。我回想起三個月前，我向尊者介紹過的四位年輕實況主的驕傲，他們在達賴喇嘛面前表達他們的關注和情感，他們的心和他們的思想都是一致的。這些年輕人，發現了另一個遠離他們瘋狂的西方生活的世界。即使時間不同，但這本書是我對他們即將出發的世界的貢獻。

二〇一七年十月二日，於達蘭薩拉

《普世責任憲章》

30

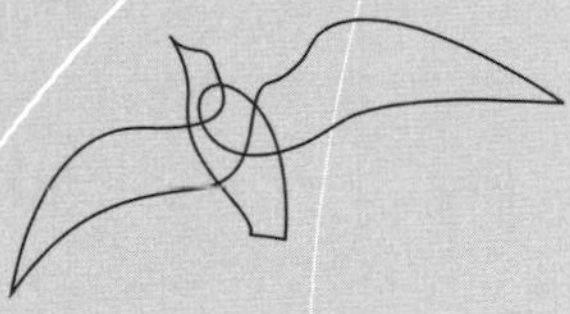

摘要

正如《普世責任憲章》規定的那樣，慈悲革命涉及三個實現時刻和十一個人生承諾。

30 在達賴喇嘛的請求下，秉持尊者的教誨，《普世責任憲章》由蘇菲亞．史崔－芮薇（Sofia Stril-Rever）撰寫，與前噶倫赤巴顙東仁波切（Samdhong Rinpoche）、紐約哥倫比亞大學羅伯特．舒曼（Robert Thurman）教授、南非約翰尼斯堡歷史遺產代理局長艾瑞克．伊塞丁（Eric Itzkin）教授共同合作。二〇一五年九月在英國牛津，全文由達賴喇嘛定稿。全文出版，《新現實》（*Nouvelle réalité*），法國Les Arènes出版社，二〇一六年。

實現的第一個時刻：內在和平與生命共享的實現

我出生在這個地球上，是生命之子，是宇宙的中心。

我的基因密碼包含來自宇宙的信息。生命共享的實現，我與所有生物連結在一起。他們的幸福取決於生態系統的平衡，這些生態系統本身依賴於男女心中的和平，以及人類社會的正義精神，在這種社會中，任何人都不應該遭到拋棄，或忍受飢餓與貧窮。本著平等的精神，擺脫偏見、戀物和仇恨，我致力於維護和重建生命的和諧。

願我的每一個行動，都能夠帶來和平與內在的療癒，致力於人與非人的一切生命的美好。這是一種呼籲所有生物參與大愛的喜悅，這是生命的命脈。

實現的第二個時刻：我們的內在人性

我出生在這個地球上，是生命之子，是人類家庭的核心。

我的動機，純粹是為了利他主義，為所有生物的福祉而行動，並接受我的普世責任。內心的平靜、愛和慈悲，不僅是表達高尚理想的方式，而且也是為我們在這個新現實中面臨的問題，提供務實的解決方法；作為保障面對社會紐帶的鬆動，與社會團結的崩解情況下，我們集體的共同利益。

認知合作的必要性，讓我明白，全球可持續發展的最安全基礎，是建立在個人和共享的內心平靜、愛和慈悲心的基礎之上。我重振對人類共同命運的希望和信心。

實現的第三個時刻：真理永恆，真理的力量

我出生在這個地球上，是生命之子，是自然世界偉大和平的核心。

在網路和全球化的這個時代，我意識到自己是如何受到科技經濟文化的操縱和工具化；以及我有義務體現基於真理和愛的力量的普世責任的智慧，聖雄甘地稱為「真理永恆」。「真理永恆」，是我以非暴力的方式對付不公不義的武器。真理，經過我在表達自己的那一刻，讓我變得無敵。透過每天生活在「真理永恆」中，我在他人之間與幫助他人之下，成為和平、正義和真理的建築師。作為世界公民，我承擔這種具有普世責任感的新民間紐帶。透過這種方式，未來幾代人將有一天能夠見證，或許是我看不到所渴望的這個新世界。按照我的意思，我將懷抱著和平與愛的精神，盡我最大的努力建立一個新的現實，那就是一個富有慈悲心的世界。

人生顧問 389

呼喚慈悲的革命：給第三個千禧世代年輕人的普世責任宣言

Faites La Révolution. L'appel du Dalaï-Lama à la jeunesse

作　者—達賴喇嘛、蘇菲亞・史崔—芮薇（Le Dalaï-Lama & Sofia Stril-Rever）
譯　者—黃凱莉
編　者—張啟淵
美術設計—兒　日
總 編 輯—胡金倫
董 事 長—趙政岷
出 版 者—時報文化出版企業股份有限公司
108019臺北市和平西路三段二四〇號四樓
發行專線—（〇二）二三〇六—六八四二
讀者服務專線—〇八〇〇—二三一—七〇五
（〇二）二三〇四—七一〇三
讀者服務傳真—（〇二）二三〇四—六八五八
郵撥—一九三四四七二四時報文化出版公司
信箱—10899臺北華江橋郵局第九九信箱
時報悅讀網—http://www.readingtimes.com.tw
法律顧問—理律法律事務所　陳長文律師、李念祖律師
印　刷—勁達印刷有限公司
初版一刷—二〇二〇年三月二十日
定　價—新臺幣二八〇元
（缺頁或破損的書，請寄回更換）

時報文化出版公司成立於一九七五年，
並於一九九九年股票上櫃公開發行，於二〇〇八年脫離中時集團非屬旺中，
以「尊重智慧與創意的文化事業」為信念。

呼喚慈悲的革命：給第三個千禧世代年輕人的普世責任宣言 / 達賴喇嘛（Le Dalaï-Lama）, 蘇菲亞・史崔—芮薇（Sofia Stril-Rever）合著；黃凱莉譯. -- 初版. -- 臺北市：時報文化, 2020.03
面；　公分. --（人生顧問；389）
譯自：Faites la révolution : l'appel du Dalaï-Lama à la jeunesse
ISBN 978-957-13-8087-2（平裝）

1. 宗教與社會

210.15　　109000689

Original Title: Faites la révolution. L'appel du Dalaï-lama à la jeunesse
Original publisher: Editions Massot/editions Rabelais

ISBN 978-957-13-8087-2
Printed in Taiwan